LIVRE DE CUISINE ALCALIN

Plus de 50 recettes pour rééquilibrer le niveau d'acidité de votre corps, prévenir les maladies et vous guider vers le bien-être mental et physique

Valérie Bernard

Tous les droits sont réservés.

Avertissement

TABLE DES MATIÈRES

INTRODUCTION

Dérivé de l '«alcalinité» (capacité des substances à lier ou neutraliser l'acide), le régime alcalin ou «régime A-line» a été développé par la nutritionniste Vicki Edgson et la cuisinière Natasha Corrett et est basé sur ce qu'on appelle alcalin ou basique nourriture. Le régime alcalin - similaire au jeûne alcalin - devrait non seulement entraîner une perte de poids, mais également prévenir des maladies telles que la dépression, les maladies cardiaques, l'ostéoporose et même le cancer.

L'idée derrière le concept: Edgson et Corrett supposent qu'un corps trop acide devient un terreau fertile pour les bactéries, utilise plus rapidement des nutriments importants et tombe donc malade plus rapidement. Le tractus gastro-intestinal est également très exigeant pour la digestion des aliments acides. La consommation minimale ou même d'éviter les aliments acidifiants devrait réguler la valeur du pH du corps et avoir un effet positif sur notre santé.

LES ALIMENTS ACIDES COMPRENNENT:

- Porc et boeuf
- Des œufs
- sucre blanc
- Produits à base de farine blanche
- Les produits laitiers
- Café
- De l'alcool
- Cola

- Pâtes
- Fast food
- Frit
- Pois chiches
- Noix
- Thé

Vous devez négliger ces aliments acides dans le régime alcalin. Le régime alcalin est plus un changement de régime qu'un régime classique dans lequel vous mangez simplement moins. Mais quels aliments sont autorisés?

Régime alcalin

Aliments alcalins: Le régime alcalin est principalement vert.

Régime alcalin: quels aliments sont autorisés?

Alors que les aliments acides sont censés sur-acidifier le corps et en font ainsi un terrain fertile pour les maladies, d'autres produits naturels ont un effet alcalin et forment la base d'un corps sain. Selon Edgson et Corrett, la pondération pour un succès de santé maximal avec le régime alcalin devrait être maintenue à environ 70 pour cent d'aliments basiques et seulement 30 pour cent d'aliments acides. Mais quels aliments favorisent un régime alcalin après le régime alcalin?

LES ALIMENTS DE BASE COMPRENNENT:

- Fruit
- Des légumes
- Des produits à base de soja

- Patate douce
- Amandes
- Olives
- Riz sauvage
- chou frisé
- Brocoli
- Citrons
- Eaux silencieuses

Classer les aliments comme acides ou basiques n'est pas toujours facile selon le concept alcalin. Par exemple, les épinards sont alcalins lorsqu'ils sont crus, mais acides lorsqu'ils sont cuits. Afin d'avoir un aperçu précis, vous devriez vous renseigner sur le régime alcalin et la cuisine de base - il n'y a pas de comptage ennuyeux des points ou des calories ici.

Détoxifier le corps et perdre du poids en même temps: c'est la cure détox de 7 jours

Détoxifier le corps et perdre du poids en même temps: c'est la cure détox de 7 jours

Le régime alcalin fait-il ce qu'il dit sur l'étain?

Selon certains experts de la santé, cependant, le régime alcalin après le régime alcalin n'a qu'un effet rudimentaire sur la valeur du pH du corps - il se régule. En effet, les effets sur la valeur du pH du corps sont ce qui rend cette tendance nutritionnelle saine ne devrait pas être prouvée. De même, aucune recherche scientifique ne montre qu'un régime principalement alcalin peut prévenir les maladies. Ce n'est que dans l'urine que l'on peut remarquer un changement, qui peut au moins empêcher les calculs rénaux.

Remarque: êtes-vous diabétique ou souffrez de problèmes rénaux? Ensuite, vous devez être prudent avec le régime alcalin et ne changer radicalement votre alimentation qu'en consultation avec votre médecin.

Tous les aliments ne sont pas créés égaux. Si vous voulez perdre du poids, vous devez manger les bons repas. Vous réussirez certainement avec ces produits!

VEGAN, PIMENT DE BASE

Portions: 4

INGRÉDIENTS

- 2 tasses / n de lentilles, rouges
- n. B.   Bouillon de légumes, instantané, vegan
- 1 boîte Maïs
- 3 poivrons rouges ou colorés, coupés en dés
- n. B.   Haricots, verts, frais ou surgelés
- 1 grand   Oignon (substantif)
- 2 grands   Gousses d'ail)
- poivre
- poivre de Cayenne
- Poudre de paprika
- Poudre de chili du moulin
- sel de mer

- 2 cuillères à soupe   Beurre d'amande
- Quelque chose d'huile
- 2 boîte (s) de tomates, hachées
- Peut-être. Mélange d'épices, mexicain

PRÉPARATION

Cuire les lentilles rouges dans 4 tasses de bouillon de légumes (environ 10 min.). Faites frire l'oignon dans une autre grande casserole et ajoutez le paprika coupé en dés et les haricots verts.

Ajoutez ensuite les tomates pelées et assaisonnez, surtout assez de bouillon de légumes en poudre. Appuyez sur l'ail. Puis le maïs et seulement à la fin les lentilles rouges. Vous êtes déjà bouilli et l'eau doit être complètement trop cuite. Enfin 1 à 2 cuillères à soupe de beurre d'amande. Ensuite, il devient plus crémeux et vous n'avez pas besoin de crème sure.

Il a un goût sensationnel et est sain. Sans viande, sans produits laitiers, faible en glucides.

CAROTTES DE GINGEMBRE VEGAN DE BASE

Portions: 2

INGRÉDIENTS

- 1 coup huile
- 1 m. De large Oignon (substantif)
- 400 grammes Carotte (s), nettoyée et pesée
- 100 ml Lait d'amande (boisson aux amandes)
- 1 cm   Gingembre frais ou 1 à 2 cuillères à café lyophilisées
- 1 cuillère à café, nivelée   Bouillon de légumes, instantané
- 1 pincée (s)   sel

- 1 cuillère à café de coriandre entassée, séchée ou fraîche

PRÉPARATION

Nettoyez l'oignon et coupez-le en petits cubes. Coupez les carottes en julienne ou en cubes ou ne les coupez pas trop finement. Hachez ou râpez le gingembre frais.

Faites chauffer un filet d'huile dans une poêle antiadhésive et faites suer les oignons, puis laissez légèrement le gingembre. Ajoutez les carottes et mettez un couvercle pendant quelques minutes.

Dissoudre le bouillon de légumes dans le lait d'amande, ajouter aux carottes et bien mélanger. Réduisez le feu et laissez mijoter jusqu'à ce qu'il soit ferme sous la dent. Le couvercle peut être retiré pendant les 2 dernières minutes. Cela dépend de la façon dont vous voulez que la sauce soit liquide. Incorporer enfin 1 cuillère à café de coriandre et servir sur des assiettes. Si nécessaire, assaisonner de sel dans l'assiette.

GÂTEAU DE BASE AUX AMANDES À LA POMME

Portions: 1

INGRÉDIENTS

Pour la pâte:

- 150 grammes Amande (s), moulue
- 5 cuillères à soupe   Lait d'amande (boisson aux amandes), non sucré
- 50 grammes   Raisins secs
- 10 raisins

Pour couvrir:

- 5 abricot
- 1 éclaboussure   Jus de citron

- 2 petits   Pommes
- 1 tranche / n Citrons)
- 1 cuillère à soupe   Amandes effilées

PRÉPARATION

Pour la pâte, broyer les raisins secs, les raisins et le lait d'amande dans un mélangeur jusqu'à obtenir un mélange crémeux. Mélangez le mélange avec les amandes moulues dans une casserole. La pâte devient légèrement collante. Ajoutez plus d'amandes moulues si nécessaire.

À l'aide d'un anneau à gâteau (diamètre d'environ 20 cm), répartissez le mélange sur une assiette à gâteau.

Pour la garniture, broyer les abricots et le jus de citron dans un mélangeur en purée. Épluchez les pommes, retirez le cœur et coupez-les en fines tranches. Frottez un quartier de citron dans chaque tranche pour éviter que les pommes ne brunissent.

Étalez la purée d'abricot sur la base puis superposez les tranches de pomme.

Enfin, décorez le gâteau avec des amandes effilées.

Conseil:

Si vous le souhaitez, vous pouvez également laisser sécher la pâte dans le moule à charnière (20 cm) à 200 degrés pendant environ 20 minutes au four. Ce sera alors un peu plus ringard. Assurez-vous que la pâte ne devienne pas trop friable.

STOCK DE LÉGUMES FORT, BASIQUE

Portions: 4

INGRÉDIENTS

- dix   Carotte
- 4 bâtonnets / n de céleri ou céleri-rave
- 3 tige / n poireau
- 4 tomates)
- 1 grand   Oignon (substantif)
- 2 cuillères à soupe   huile
- 3 tigesthym
- 2 feuilles de laurier
- 4 clou de girofle
- 1 cuillère à café de grains de poivre

- sel
- 2 litres   l'eau

PRÉPARATION

Lavez et nettoyez les légumes verts à soupe et les tomates et coupez-les en petits morceaux. Épluchez et coupez l'oignon en deux, faites-le frire vigoureusement dans une casserole sans matière grasse.

Ajouter l'huile, les légumes, le thym, les épices et un bon 2 litres d'eau. Porter à ébullition et laisser mijoter à feu doux pendant 1 heure. À la fin de la cuisson, versez le bouillon de légumes au tamis et assaisonnez avec du sel.

SALADE DE POMMES DE TERRE BASIQUE GAT

Portions: 1

INGRÉDIENTS

- 400 grammes Pomme (s) de terre, cireuses, éventuellement à peau rouge
- Quelque chose de sel et de poivre
- 1 cuillère à café de bouillon de légumes, en grains
- ½ citrons)
- 2 cuillères à soupe   huile d'olive
- ½ oignon (s), crus ou cuits à la vapeur
- Quelque chose de poivre (papaye), facultatif
- 1 cuillère à café de graines de chanvre
- Peut-être. Herbes au goût

PRÉPARATION

Faire bouillir les pommes de terre avec leur peau, les laisser refroidir un peu, puis les éplucher et les couper en tranches. Mélangez la soupe en poudre dans un peu d'eau chaude et ajoutez-la aux pommes de terre. Pressez le citron et ajoutez le jus avec les épices et l'huile. Épluchez l'oignon, coupez-le en rondelles ou en dés. Ajouter cru ou cuit à la vapeur dans un peu d'huile. Mortier le piment de papaye (si disponible) et mélanger avec les graines de chanvre. Si vous le souhaitez, vous pouvez également ajouter des herbes (par exemple du persil ou de la coriandre).

Les GATlers non stricts peuvent également mélanger des oignons frits ou une salade d'endives. Ensuite, utilisez un peu plus de jus de citron et d'huile.

Vinaigrette de base

Portions: 1

INGRÉDIENTS

- Citrons)
- 1 cuillère à soupe   Érythritol (succédané de sucre), ou xylitol
- 2 cuillères à soupe   huile d'olive
- Quelque chose de sel et de poivre
- Peut-être. Herbes au besoin

PRÉPARATION

Rouler le citron vigoureusement (cela brise la structure cellulaire et plus de jus sort), presser et mélanger avec les ingrédients restants. Utilisez les herbes au besoin, je préfère sans.

Se marie particulièrement bien avec les salades de feuilles.

L'HEURE DU MATIN DE DANNY - PORRIDGE DE BASE POUR LE PETIT DEJEUNER

Portions: 2

INGRÉDIENTS

- 2 cuillères à soupe   Millet, ou le double de la quantité déjà éclatée ou moulue, voir les instructions
- 2 cuillères à soupe   Sarrasin, ou le double de la quantité déjà éclatée ou moulue, voir les instructions
- 250 ml Lait d'amande (boisson aux amandes) ou lait d'avoine (boisson à l'avoine)

- 1 cuillère à soupe   Amarante, soufflé ou la moitié de la quantité non soufflé puis gonflé vous-même, voir les instructions
- 1 cuillère à soupe   Graines de tournesol
- 1 cuillère à soupe   Graines de citrouille
- 1 cuillère à soupe   Amande (s), entière (s)
- Pomme
- 2 cuillères à soupe   Morceaux d'ananas, congelés

PRÉPARATION

Mettez les 2 cuillères à soupe de millet et de sarrasin dans un flaker ou un moulin à farine et émiettez ou broyez. J'utilise toujours le flaker. Si vous n'avez pas les deux, vous devriez acheter des flocons sur le marché biologique. Vous avez alors besoin d'environ deux fois la quantité de flocons.

Mettez les 250 ml de lait d'amande ou un liquide similaire que vous aimez dans une casserole. Incorporer les flocons dans le liquide froid. Porter à ébullition le lait d'amande en remuant et continuer à remuer jusqu'à ce que la bouillie ait la consistance désirée. Cela ne prend généralement que 1 à 2 minutes. Retirez la casserole de la plaque de cuisson et ajoutez la cuillère à soupe d'amarante éclatée. Dans un bon mixeur (pour les smoothies), réduire en purée la pomme hachée, les morceaux d'ananas surgelés, les graines de tournesol et de citrouille et les amandes avec un filet d'eau. Incorporer le mélange dans la bouillie.

Conseils et astuces:

Au lieu du lait d'amande, vous pouvez également utiliser du lait d'avoine, du riz (très sucré) ou de l'eau, et ceux qui aiment le lait peuvent également les utiliser.

Si vous n'avez que de l'amarante non éclatée, vous pouvez la faire apparaître vous-même. Pour ce faire, faites chauffer une petite casserole en céramique sèche sur la cuisinière au plus haut niveau. Préparez un petit couvercle qui tient sur la casserole. Maintenant, mettez au maximum une demi-cuillère à soupe d'amarante dans la casserole, mettez le couvercle dessus, soulevez immédiatement la casserole de la plaque de cuisson et faites-la tourner continuellement jusqu'à ce que l'amarante ait éclaté. Vous pouvez également moudre l'amarante dans un moulin à grains et la faire bouillir avec le millet et le sarrasin. J'ai déjà émietté l'amarante, mais vous avez généralement des globules durs dans la pulpe.

Au lieu d'un mélangeur à smoothie, vous pouvez également hacher les noix et les grains avec n'importe quelle autre machine appropriée et utiliser un batteur sur socle pour faire un smoothie à partir d'ananas, de pomme et d'un trait d'eau.

Si vous le souhaitez, vous pouvez ajouter un filet d'huile de lin à la fin ou utiliser tout autre fruit congelé ou frais à la place de la pomme et de l'ananas. La bouillie a également bon goût avec la banane et la mangue ou avec les framboises.

J'aime aussi ajouter 1 cuillère à soupe de graines de chia à la bouillie avant la cuisson, mais j'utilise ensuite un peu plus de liquide. Vous pouvez toujours le remuer après la cuisson si la bouillie devient trop ferme.

NOUILLES DE CHÂTAIGNE DE BASE

Portions: 1

INGRÉDIENTS

- 100g   Nouilles (nouilles aux marrons)
- Oignon (substantif)
- 1 orteil / n   Ail
- 100 ml Vin rouge ou bouillon de légumes
- 1 pincée   le Chili
- 1 bâton / n   céleri
- 100g   Tomates)
- n. B.   câpres
- n. B.   Olives

- 2 cuillères à café   Pesto z. B.basilic, pesto de persil

PRÉPARATION

Préparez d'abord la sauce, puis faites cuire les pâtes (en raison du temps de cuisson court).

Saisir les oignons et l'ail coupés en dés, déglacer au vin rouge ou à la casserole de légumes. Laisser mijoter le piment, le céleri finement haché, les câpres, les olives et les tomates en dés pendant env. 1 à 2 minutes. Assaisonner de pesto.

Faites cuire les pâtes dans de l'eau salée au goût, mais pas plus de 3 minutes. Servir avec la sauce.

SOUPE AUX LÉGUMES ALCALINES

Portions: 2

INGRÉDIENTS

- 1 petit Tête de fenouil
- 150 grammes Carotte
- 150 grammes Navet
- 150 grammes Pomme de terre
- 1 cuillère à soupe huile
- 750 ml Bouillon de légumes
- n. B. Sel et poivre, du moulin
- 1 cuillère à soupe Jus de citron
- 1 cuillère à soupe sauce soja

PRÉPARATION

Coupez le fenouil en lanières. Épluchez et coupez les carottes, les navets et les pommes de terre en dés.

Faites chauffer l'huile dans une casserole, faites revenir tous les légumes et déglacez avec le bouillon de légumes. Couvrir et cuire 25 minutes.

Mélangez la sauce soja avec 3 cuillères à soupe de bouillon chaud et le jus de citron. Après le temps de cuisson, incorporer à la soupe chaude. Assaisonnez la soupe avec du sel et du poivre.

Le riz va bien avec.

PAIN BASIQUE ET SANS GLUTEN

Portions: 1

INGRÉDIENTS

- 150 grammes Erdmandel (n)
- 140 grammes Graines de citrouille ou graines de tournesol
- 1 cuillère à café   Graines de carvi, coriandre ou fenouil, bien moulues
- 30 grammes   Noix, hachées
- 40 grammes   Amandes, hachées
- 2 cuillères à soupe   Graines de chia
- 90 grammes   Graines de lin écrasées
- 4 cuillères à soupe   Coques de psyllium

- 1 ½ cuillère à café   sel de mer
- 3 cuillères à soupe   Huile de noix de coco
- 350 ml Eau (chaude
- Pomme (s) de terre bouillie, en purée ou carotte, râpée

PRÉPARATION

Mélangez tous les ingrédients secs, y compris les épices. Faire fondre l'huile de coco dans l'eau, ajouter et bien pétrir. Placer dans un moule en silicone ou dans un moule à pain tapissé de papier sulfurisé et presser fermement. Laisser reposer au moins 8 heures, de préférence toute la nuit.

Cuire au four à 180 ° C pendant 60 minutes.

Si, comme moi, vous voulez une croûte, sortez le pain de la poêle après la moitié du temps de cuisson et placez-le sur une plaque pour le reste du temps de cuisson.

MÉLANGE DE SENTIER ALCALIN

Portions: 20

INGRÉDIENTS

- 100g   Amande (substantif)
- 100g   Noix de macadamia
- 100g   Noix du Brésil
- 100g   Dattel (n) (Medjooldatteln)
- 100g   Raisins secs

PRÉPARATION

Couper en deux et dénoyauter les dattes. Mélangez les ingrédients, placez-les dans un bol et couvrez-le.

SALADE ALCALINE AUX NOIX DE NOIX

Portions: 4

INGRÉDIENTS

- 1 tête laitue romaine
- 1 tête Radicchio
- 1 m. De large Carotte
- 1 m. De large Racine de persil
- Pomme, rouge
- Avocats)
- Shallot (substantif)
- 12ème Noix
- Pour la vinaigrette:
- Lime (substantif)

- 1 cuillère à soupe   Vinaigre de cidre de pomme
- 3 cuillères à soupe   huile d'olive
- 1 cuillère à soupe   huile de noix
- 1 cuillère à soupe   moutarde
- Sucre de fleur de coco
- Sel et poivre, noir, du moulin

PRÉPARATION

Pour la vinaigrette, pressez le citron vert et mélangez le jus avec le vinaigre, l'huile, la moutarde, le sucre, le sel et le poivre.

Coupez les têtes de laitue. Épluchez la racine de carotte et de persil et râpez finement. Coupez la pomme et l'avocat en petits morceaux. Coupez les échalotes en fines rondelles. Hachez les noix en petits morceaux.

Répartissez la vinaigrette dans quatre grands bocaux Mason. Ensuite, superposez la laitue dans cet ordre: noix, échalotes, avocat, pomme, racine de persil, carotte, salade verte.

La salade dans le verre peut se conserver au réfrigérateur pendant trois à quatre jours

PAIN À L'ÉPELLE SANS LEVURE

Portions: 1

INGRÉDIENTS

- 500 grammes Farine d'épeautre, type 630
- ½ cuillère à café   sel
- ½ litre Eau, tiède
- 1 cuillère à café   Mélange d'épices pour pain
- 1 paquet.   Poudre à pâte tartare
- 100g   graine de lin
- 100g   Graines de citrouille
- Huile d'olive pour le plat de cuisson

PRÉPARATION

Mélangez la farine avec la levure tartare. Ajoutez ensuite le sel, les épices à pain, les graines de lin et les graines de citrouille. Ajoutez enfin l'eau tiède et pétrissez à la main.

Graisser un moule à pain avec un peu d'huile d'olive et verser la pâte. Badigeonner la surface de la pâte avec un peu d'eau pour la rendre agréable et croustillante.

Mettre au four froid et cuire à 200 ° C de chaleur haut / bas pendant 60 minutes.

La même pâte peut également être utilisée pour de délicieux rouleaux d'épeautre, par exemple avec des graines de tournesol.

SOUPE BROCCOLI AU LAIT DE COCO

Portions: 4

INGRÉDIENTS

- brocoli
- 3 m. De large Pomme de terre
- Poivrons rouges)
- Oignon (substantif)
- 400 ml Lait de coco
- 1 cuillère à soupe   huile d'olive
- sel et poivre
- n. B.   le Chili
- n. B.   Herbes z. Persil

PRÉPARATION

Lavez d'abord, épluchez et coupez les légumes.

Faites braiser les morceaux d'oignon dans un peu d'huile. Ajouter les pommes de terre et les poivrons et déglacer avec un peu d'eau. Mettez le feu à feu doux et placez le brocoli avec les pommes de terre. Couvrir le tout avec le couvercle et cuire jusqu'à ce que les morceaux de pommes de terre soient tendres, ce qui prend environ 15 à 20 minutes. Ajoutez enfin le lait de coco. Réduisez la soupe en purée et assaisonnez avec du sel et du poivre.

Servir la soupe de brocoli avec des herbes et du piment.

Conseils:

J'aime toujours quelque chose à croquer dans la soupe et je mets simplement la soupe en purée ou prends quelques morceaux de brocoli de côté et les remets sur la soupe pour servir.

Si vous l'aimez un peu plus chaud, vous pouvez le servir avec du piment.

La noix de muscade se marie également très bien avec cette soupe.

Vous pouvez également utiliser de la crème au lieu du lait de coco.

POÊLE AUX CHAMPIGNONS ET BROCCOLI

Portions: 2

INGRÉDIENTS

- 1 coup L'huile de colza
- 1 m. De large Oignon (s), rouge
- 500 grammes brocoli
- 400 grammes Champignons
- 150 ml Lait d'amande (boisson aux amandes)
- 2 cuillères à café, entassées   Farine de châtaigne
- 1 cuillère à café   Bouillon de légumes, en grains

- n. B.   poivre de Cayenne
- Peut-être. sel

PRÉPARATION

Divisez le brocoli en petits fleurons, retirez l'écorce ligneuse de la tige et coupez-la en petits morceaux. Coupez les champignons en tranches pas trop fines. Coupez l'oignon en dés.

Faites cuire les brocolis au micro-ondes selon les instructions du fabricant (900 watts = 5 minutes pour moi).

Pendant ce temps, faites chauffer l'huile dans une grande poêle antiadhésive et laissez l'oignon devenir translucide, puis faites revenir les champignons. Assaisonner de bouillon granulé et de poivre de Cayenne (il faut se repérer avec le poivre de Cayenne). Ne mettez pas de couvercle, sinon les champignons tireront trop d'eau.

Ajoutez la moitié du lait d'amande aux champignons. Incorporez le brocoli aux champignons sans l'eau de cuisson.

Mélanger la farine de châtaigne avec le reste du lait d'amande et incorporer dans la poêle à champignons. Éteignez le feu, ajoutez éventuellement du sel si vous le souhaitez.

Peut être apprécié en plat principal ou en accompagnement de légumes.

CURRY NOIX DE COCO CAROTTE AUX HERBES

Portions: 2

INGRÉDIENTS

- 6 m.-large Couper la (les) carotte (s) en julienne grossière
- ¼ tête Trancher finement le chou blanc
- 2 Émincez finement l'oignon (s)
- 1 cuillère à soupe   Huile de noix de coco
- 200 ml Lait de coco, crémeux
- 3 cuillères à café   Pâte de curry, jaune
- 2 cuillères à café   Noix de coco desséchée
- sel

PRÉPARATION

Mélangez la crème de coco avec la pâte de curry jusqu'à consistance lisse.

Laisser les oignons devenir translucides dans l'huile. Faites frire les carottes. Incorporez le chou blanc et étalez le lait de coco et le mélange de curry sur le dessus, mettez le couvercle et faites cuire à feu doux.

Après environ 10 minutes, appuyez davantage sur l'herbe. Répartir les flocons de noix de coco sur le dessus et cuire pendant 10 à 20 minutes jusqu'à la bouchée désirée, mélanger le tout et assaisonner avec du sel.

Ragoût de pommes de terre et brocolis

Portions: 2

INGRÉDIENTS

- 1 coup huile
- 1 grand   Oignon (s), coupé en petits dés
- 6 petits   Pomme (s) de terre, peut-être plus
- 1 tête Brocoli, env. 500 grammes
- 2 grands   Poivrons pointus, poivrons rouges ou doux
- 300 ml Lait d'amande (boisson aux amandes)
- 200 ml Bouillon de légumes
- 2 cuillères à café   Sambal Oelek

PRÉPARATION

Divisez le brocoli en petits fleurons, utilisez également les tiges et la tige. Épluchez et coupez les pommes de terre en dés. Retirez les graines des poivrons et coupez-les en petits cubes.

Faites chauffer l'huile dans une grande casserole et faites sauter les oignons. Faites frire les cubes de pommes de terre pendant quelques minutes, puis ajoutez les légumes restants.

Verser le lait d'amande et le bouillon de légumes et incorporer le sambal oelek. Soyez prudent avec lui, sentez votre chemin vers la netteté si nécessaire.

RADI ET KOHLRABI EN SAUCE CHAUDE

Portions: 2

INGRÉDIENTS

- 1 grand   Oignon (s), coupé en petits dés
- 2   Gousse (s) d'ail, coupées en petits dés
- 1 cuillère à soupe   Huile de noix de coco
- 250 g Radis (s) (Radi), blanc
- 250 g Chou-rave, pour moi c'était un navet
- 80 grammes   Tomate (s) (tomates grignotines, tomates molles)
- 150 ml Lait de coco, crémeux
- 1 cuillère à café   Pâte de curry, rouge
- Peut-être. sel

PRÉPARATION

Coupez le radis et le chou-rave en cubes. Coupez les tomates à grignoter en petits morceaux ou réduisez-les en purée avec un mélangeur à main. Incorporer la pâte de curry au lait de coco.

Dans une casserole ou une casserole qui tient un couvercle, faites chauffer l'huile de noix de coco et laissez d'abord les oignons, puis l'ail devenir translucides. Ajouter les cubes de chou-rave et mettre le couvercle. Faites de même avec les cubes de radis après 2 à 3 minutes. Après encore 2 à 3 minutes, incorporer le mélange de lait de coco et grignoter les tomates. Réduisez considérablement la température et laissez mijoter avec le couvercle fermé jusqu'à ce qu'elle soit ferme. Saler éventuellement dans l'assiette.

Pour moi, c'est un plat principal.

SALADE DE CONCOMBRE À LA MENTHE FRAÎCHE

Portions: 2

INGRÉDIENTS

- 1 grand   Salade de concombre (s) ou concombre serpent
- 5 tiges Menthe fraîche
- 1 coup huile
- Citron (s), dont le jus
- n. B.   sel et poivre
- 1 éclaboussure   Édulcorant liquide ou un édulcorant de votre choix

PRÉPARATION

Lavez le concombre et coupez-le dans n'importe quelle forme (pour moi c'était des crayons fins - insert en julienne dans la trancheuse de concombre).

Lavez la menthe et coupez-la en lamelles très fines, les tiges supérieures peuvent également être incluses. Si vous n'aimez pas tellement la menthe ou n'avez aucune expérience avec elle, veuillez la sentir par la tige. Pressez le citron.

Mélangez les quatre premiers ingrédients dans un bol et assaisonnez de sel et de poivre. Peut-être adoucir avec un édulcorant, ou tout ce que vous voulez prendre.

J'ai mangé la salade fraîchement préparée, donc je ne peux pas vous donner d'informations sur son goût après les heures. Dans tous les cas, il aura puisé beaucoup de fluide.

SALADE DE POIS CHICHES

Portions: 1

INGRÉDIENTS

- 1 boîte Pois chiches, 425 ml
- Poivrons rouges)
- 1 cuillère à soupe   Jus de citron
- 1 cuillère à soupe   Huile, insipide
- Oignons de printemps)
- ¼ cuillère à café   Safran des Indes
- 1 pincée (s) de piment en poudre
- ¼ cuillère à café   sel
- ¼ cuillère à café de cumin
- ¼ cuillère à café de Garam Masala
- 1 pincée (s) de paprika en poudre, chaud comme la rose

PRÉPARATION

Lavez les poivrons et coupez-les en petits morceaux, nettoyez les oignons nouveaux et coupez-les en fines rondelles. Mélangez les pois chiches avec la sauce (sinon elle sera trop sèche), le jus de citron, l'huile, le paprika, les oignons nouveaux et les épices. Idéalement, préparez la veille pour que les épices puissent s'imprégner.

Parfait pour la pause déjeuner. Cela vous comblera et cela durera longtemps. La salade se réchauffe avec les épices - parfait pour l'hiver.

L'huile peut également être omise. Si vous l'aimez, vous pouvez ajouter de la coriandre fraîche et hachée.

La quantité totale de salade de pois chiches est donnée comme portion pour le calcul des calories.

POÊLE DE POMMES DE TERRE AVEC PIEGE

Portions: 2

INGRÉDIENTS

- 350 grammes Pomme (s) de terre, pelées et pesées
- 3 cuillères à soupe   De l'huile ou autre chose
- 1 m. De large Oignon (s), rouge, coupé en petits dés
- 1 bâton / n   poireau
- n. B.   sel

PRÉPARATION

Coupez les pommes de terre en petits cubes. Fendre le poireau dans le sens de la longueur et laver. Ensuite, divisez à nouveau les moitiés dans le sens de la longueur et coupez-les en petites bandes.

Dans une casserole avec couvercle, chauffer la graisse et faire revenir les oignons. Ajouter les cubes de pommes de terre et faire revenir en retournant plusieurs fois. Des arômes torréfiés peuvent se développer. Versez le poireau et continuez à remuer / tourner. Si les pommes de terre ont encore trop de mordant, mettez le couvercle et terminez la cuisson à basse température. Sel au besoin.

La poêle à pommes de terre peut être consommée en plat principal ou en accompagnement.

Remarque: le temps de cuisson dépend de la taille des cubes de pommes de terre.

QUICHE PÂTE SOUFFLEE AUX BROCOLI ET CAMEMBERT

Portions: 6

INGRÉDIENTS

- 1 paquet.   Pâte feuilletée de l'étagère réfrigérée
- 600 grammes Brocoli ou chou-fleur, bette à carde ou épinards
- 200 grammes Camembert (s)
- 200 ml crème
- 1 pincée (s) de muscade
- 2 oeufs)
- sel et poivre

PRÉPARATION

Placez la pâte feuilletée dans un moule à charnière. Préchauffer le four à 180 ° C ventilé. Lavez le brocoli et coupez-le en petits fleurons.

Mettez de l'eau dans une casserole, ajoutez le brocoli et faites cuire environ 5 minutes à feu moyen. Verser dans une passoire, égoutter et répartir sur la pâte. Coupez le fromage en fines tranches et placez-les décorativement sur le brocoli.

Fouetter la crème avec les œufs et les épices et verser sur le brocoli et le fromage. Ensuite, faites cuire sur la grille du milieu pendant environ 40 à 45 minutes jusqu'à ce qu'elles soient dorées.

Si vous le souhaitez, vous pouvez également remplacer le brocoli par d'autres légumes (par exemple des épinards frais - mais ensuite 1 kg, des blettes ou du chou-fleur). Si vous n'aimez pas le camembert, vous pouvez également utiliser du fromage feta, alors la quiche prend une note complètement différente et le plat est toujours très basique. Une salade de base avec une vinaigrette au citron va bien avec.

CAROTTES ET POIVRONS DANS UNE SAUCE AU CITRON ET NOIX DE COCO

Portions: 1

INGRÉDIENTS

- 1 cuillère à soupe   huile
- 1 m. Gros oignon (s), coupé en petits dés
- 250 g Carotte (s), pelée (s), pesée (s), coupée en dés
- 150 grammes Poivron (s), vert clair
- 1 cuillère à soupe   Jus de citron
- 2 cuillères à soupe, entassées   Lait de coco, crémeux
- 4 cuillères à café   coriandre

- 1 pincée (s) de sel
- Peut-être. Édulcorants

PRÉPARATION

Épluchez l'oignon et les carottes et coupez-les en petits cubes. Lavez les poivrons, retirez les côtes et les graines et coupez-les en petits cubes.

Dans une casserole ou une casserole qui s'adapte à un couvercle, chauffer l'huile à feu moyen et laisser les oignons devenir translucides. Versez les carottes coupées en dés et fermez le couvercle.

Lorsque les carottes sont encore mordues, remuez une fois et ajoutez les poivrons. Couvrez-vous à nouveau.

Mélanger le jus de citron et le lait de coco jusqu'à consistance lisse et incorporer aux légumes. Avec le couvercle encore fermé, cuire jusqu'à la fermeté désirée. Incorporer la coriandre et assaisonner au goût avec du sel et éventuellement avec un édulcorant. J'ai utilisé du sucre de fleur de coco pour cela.

Pour moi c'est un plat principal, c'est certainement suffisant comme plat d'accompagnement pour 2 personnes

CARI DE NOIX DE COCO FE-MÖ-STA

Portions: 3

INGRÉDIENTS

- 1 coup L'huile de colza
- Oignons émincés
- 1 cm   Gingembre, coupé en petits dés
- Fenouil, en petit. Coupé en dés (environ 300 g)
- 300 grammes Carotte (s), nettoyée et pesée
- 5 bâtonnets / n de céleri, nettoyé (env.250 g)
- 200 ml Lait de coco, crémeux
- 2 cuillères à café, entassées   Pâte de curry, jaune
- Persil ou coriandre

- sel

PRÉPARATION

Coupez les carottes et le céleri en dés comme le bulbe de fenouil, la taille dépend de vous, le temps de cuisson en dépend.

Faites chauffer l'huile dans une casserole et faites d'abord suer les oignons puis ajoutez le gingembre. Comme premiers légumes, faites frire les carottes et mettez le couvercle pendant environ 2 minutes. Faites de même avec le fenouil et le céleri. Pendant ce temps, remuez le lait de coco avec la pâte de curry jusqu'à consistance lisse. Ajouter le mélange de lait aux légumes et réduire le feu, laisser mijoter au point de cuisson désiré. Incorporez enfin les herbes hachées.

Personnellement, je n'ajoute que du sel dans l'assiette, mais vous pouvez le faire comme vous le souhaitez.

Le plat est suffisant pour 3 à 4 personnes, selon qu'il est consommé en plat principal, comme avec moi, ou en accompagnement de légumes.

AVOCADO SALSA AVEC POMMES DE TERRE VESTE

Portions: 2

INGRÉDIENTS

- 8 pommes de terre, cireuses, selon votre appétit
- Eau salée
- 2 Avocat (s), mûr
- Citron (s), son jus
- Shallot (substantif)
- ½ piment (s) de piment, vert ou un peu de poivre de Cayenne
- Tomate (s) mûre (s)
- 2 succursales / s   Vert coriandre
- quelque chose Persil, nature ou ciboulette

- sel et poivre

PRÉPARATION

Faites bouillir les pommes de terre dans de l'eau salée. Selon le type de pomme de terre, la peau peut rester sur les pommes de terre.

Épluchez les avocats et écrasez-les à la fourchette. Coupez l'échalote et la tomate en petits cubes. Coupez également le piment et les herbes en petits morceaux. Mélangez ensuite le tout et assaisonnez avec du sel, du poivre et le jus d'un citron (ou moins, au goût). Servir en trempette avec les pommes de terre.

Une alternative alcaline très savoureuse à la trempette au quark! La salsa à l'avocat est également délicieuse en tartinade.

POIVRONS COLORÉS AU LAIT DE COCO GINGEMBRE

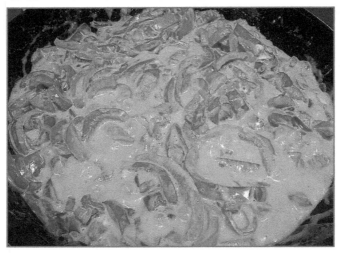

Portions: 1

INGRÉDIENTS

- 150 grammes Poivron pointu, rouge
- 150 grammes Poivre pointu, vert
- 150 grammes Poivre pointu, blanc
- 1 cuillère à café   Huile de noix de coco
- 1 petit Oignon (substantif)
- 1 grand   Gousses d'ail)
- 100 ml Lait de coco, crémeux
- 1 cuillère à café   Farine de noix de coco
- 1 pincée (s)   sel
- 1 cm   Gingembre, env. 10 grammes

PRÉPARATION

Lavez, évidez et coupez les poivrons en fines lanières. Coupez l'oignon une fois en deux et coupez-le en fines tranches. Coupez finement l'ail et le gingembre en petits dés.

Faites chauffer l'huile de coco dans une poêle ou une casserole et laissez les oignons devenir translucides.

Ajoutez l'ail et le gingembre et laissez cuire. Ajoutez ensuite les lanières de poivron et remuez pendant quelques minutes. Réduisez le feu, versez le lait de coco et faites cuire à nouveau quelques minutes avec le couvercle fermé. Le liquide résultant peut être bouilli avec le pot ouvert ou vous êtes impatient comme moi et liez la sauce avec 1 cuillère à café de farine de noix de coco. Sels au goût.

Suffit comme plat d'accompagnement pour deux. Pour moi, c'est un plat principal que je mange seul.

HARICOTS FRANÇAIS À LA CRÈME DE NOIX DE COCO ÉPICÉE

Portions: 2

INGRÉDIENTS

- 500 grammes haricots verts
- 100 ml Lait de coco, crémeux
- 1 m. De large Oignon (s), haché finement
- 2 cuillères à café, entassées   Bouillon de légumes
- 1 cuillère à café, entassée   Paprika en poudre, moyennement chaud
- 1 cuillère à soupe, entassée Pâte de tomate

PRÉPARATION

Lavez les haricots et coupez les deux extrémités, éventuellement coupés en petits morceaux. Versez le lait de coco dans une casserole et incorporez le paprika en poudre, les oignons, la pâte de tomates et le bouillon de légumes. Ajoutez les haricots et laissez-les bouillir brièvement. Remuer, couvrir avec un couvercle et laisser mijoter à basse température jusqu'à ce que la fermeté désirée soit atteinte.

En accompagnement, cela suffit pour 2 personnes, pour moi c'est un plat principal.

BROCCOLI AU LAIT D'AMANDE

Portions: 2

INGRÉDIENTS

- 500 grammes brocoli
- 100 ml Lait d'amande (boisson aux amandes)
- 1 poignée   Amande (s) douce (s), tranchée (s)
- 1 pincée (s)   sel

PRÉPARATION

Divisez le brocoli en très petits fleurons, libérez la tige de la coquille dure et coupez-la également en petits morceaux.

Dans une grande casserole avec un couvercle, versez suffisamment de lait d'amande jusqu'à ce que le fond soit bien couvert. La spécification 100 ml peut varier en fonction de la taille de la casserole, elle peut aussi être plus. Ajoutez ensuite le brocoli et les amandes et mettez le couvercle. Faites-le bouillir une fois, puis réduisez le feu massivement et faites cuire le brocoli jusqu'à ce qu'il soit ferme sous la dent.

Sel à la fin.

SOUPE MOUSSE AUX FEUILLES DE KOHLRABI

Portions: 2

INGRÉDIENTS

- 4 grands   Feuilles de chou-rave avec tige, coupées au tubercule
- 300 ml Lait végétal (boisson végétale), variété au choix
- 1 cuillère à soupe   huile
- 1 cuillère à café   Bouillon de légumes, granulé
- n. B.   sel

PRÉPARATION

Lavez et hachez finement les feuilles de chou-rave.
Faites chauffer l'huile dans une casserole et laissez les
bandes de feuilles attaquer. Déglacer avec le lait
végétal et incorporer le bouillon. Baissez la température
et laissez mijoter quelques minutes avec le couvercle
fermé. Remuez encore et encore pour que le lait ne
brûle pas.

Enfin, faites mousser la soupe avec un mixeur plongeant.
Saler éventuellement au besoin.

POT DE POIVRE HOKKAIDO

Portions: 2

INGRÉDIENTS

- 500 grammes Citrouille d'Hokkaido (se), évidée et pesée
- 200 grammes Poivron (s) ou poivron pointu, rouge
- 1 bouquet   Utilisez le ou les oignons de printemps, ainsi que les verts
- 1 cuillère à soupe   Huile ou ghee ou beurre
- 1 pièce (s)   Gingembre
- 200 ml Lait de coco, crémeux
- 1 cuillère à café   curry
- ½ cuillère à café   cumin
- 1 pincée (s) de piment de Cayenne, éventuellement plus

- Peut-être. sel

PRÉPARATION

Coupez le Hokkaido en petits morceaux. Coupez les poivrons en petits cubes.

Coupez le poireau en rondelles et râpez ou coupez finement le gingembre.

Faites chauffer la graisse dans une casserole et faites revenir la citrouille en remuant. Ajoutez le poireau et le gingembre. Réduisez considérablement la température. Déglacer avec le lait de coco et continuer à remuer vigoureusement. Incorporer les cubes de poivre.

Ajouter toutes les épices et cuire avec le couvercle fermé jusqu'à la fermeté désirée.

Si vous le souhaitez, vous pouvez ajouter du sel.

MOULE À CÉLÉRIAC ET CAROTTES AU LAIT DE COCO AU CARI

Portions: 2

INGRÉDIENTS

- 1 cuillère à soupe   Huile de noix de coco
- 1 petit Oignon (s), coupé en petits dés
- 2 m. De large Gousse (s) d'ail, coupées en petits dés
- 3 cm   Gingembre, coupé en petits dés
- 1 cuillère à café, nivelée   Pâte de curry, par exemple B. jaune
- 330 grammes Céleri-rave, nettoyé et pesé
- 330 grammes Carotte (s), pelée (s) et pesée (s)

- 100 ml Lait de coco, crémeux
- 4 tiges Vert céleri, tendre

PRÉPARATION

Coupez les branches de céleri en fines rondelles. Coupez le céleri et les carottes en cubes égaux. La taille des cubes détermine le temps de cuisson.

Dans une poêle antiadhésive, chauffer l'huile à feu moyen.

Ajouter les oignons, l'ail et le gingembre et laisser cuire quelques minutes avec le couvercle fermé. Incorporer ensuite la pâte de curry et laisser mijoter quelques minutes avec le couvercle fermé.

Laissez toujours l'eau de condensation refluer dans la casserole. Incorporer les carottes et les laisser devenir translucides. Enfin, ajoutez les morceaux de céleri et faites cuire couvercle fermé jusqu'à obtention de la fermeté désirée. Remuer de temps en temps.

Juste avant la fin de la cuisson, incorporer le lait de coco et incorporer les rondelles de céleri.

Personnellement, je n'ai pas besoin d'ajouter de sel, c'est à vous de décider.

Pour moi, c'était un plat principal, bien sûr, il peut également être servi comme plat d'accompagnement.

Ragoût corsé

Portions: 4

INGRÉDIENTS

- 500 ml l'eau
- 1 plus petit   Savoie
- 6 grands   Pomme de terre
- 3 carottes
- Chou-rave, avec des feuilles
- 1 bâton / n   poireau
- Oignons émincés
- 2 cuillères à soupe   beurre
- 1 cube Bouillon de légumes
- Quelque chose de sel de mer
- poivre

- Herbes sauvages, ortie hachée, ribwort, pissenlit pour la garniture

PRÉPARATION

Cuire les oignons dans le beurre dans une grande casserole en acier inoxydable jusqu'à ce qu'ils soient translucides. Lavez les légumes restants, coupez-les en petits morceaux et ajoutez-les aux oignons. Ajoutez l'eau et faites cuire le tout pendant environ 15 minutes. Assaisonner de sel et de poivre et du cube de bouillon de légumes.

Garnir d'herbes avant de servir.

LÉGUMES CRÉMEUX, CAROTTES ET RADIS

Portions: 1

INGRÉDIENTS

- 1 cuillère à soupe   huile
- 230 grammes Radis (s), blanc, pesé et nettoyé
- 230 grammes Carotte (s), pelée (s) et pesée (s)
- 1 cuillère à café, nivelée   Pâte de curry, verte, approchez-vous avec précaution
- 50 ml Lait de coco, crème crémeuse ou d'amande ou autre crème végétale

PRÉPARATION

Couper le radis en deux sur la largeur et trancher en fine julienne comme les carottes sur le coupe-légumes.

Chauffer l'huile dans une casserole, incorporer la pâte de curry et la liquéfier. Ajoutez ensuite les légumes et remuez vigoureusement. Faites frire pendant 1 à 2 minutes en les retournant fréquemment. Réduisez le feu et mettez un couvercle. Cuire à la vapeur juste avant le point de cuisson, ce qui ne prend pas longtemps car ce sont de petits bâtonnets. Incorporer progressivement le lait de coco ou la crème végétale. Pas trop, les légumes doivent être emballés et non noyés. Laissez bouillir brièvement et c'est prêt.

Les quantités données pour les radis et les carottes sont le fruit du hasard.

Les végétariens peuvent bien sûr également utiliser de la crème normale.

SALADE DE CAROTTES ET DE BETTERAVES

S

Portions: 8

INGRÉDIENTS

- 700 grammes Carotte (s) (environ 7 pièces)
- 400 grammes Céleri-rave (environ 1/4)
- 180 grammes Betterave (environ 2 pièces)
- 300 grammes Paprika (environ 3 pièces)
- 3   Oignons de printemps)
- 4 m. De large Tomates)
- Citron (s), son jus
- Herbes, fraîches, hachées (persil, aneth, etc.)
- 2 cuillères à soupe   huile d'olive

- Assaisonnement (s) (sel, poivre, paprika, un peu de miel (au lieu de sucre) au goût

PRÉPARATION

Lavez et nettoyez les légumes. Râpez les carottes, le céleri et la betterave en petites lanières avec la râpe à main ou avec le robot culinaire avec un disque de râpe. Transférer dans un grand bol. Coupez les poivrons et les tomates en petits cubes, coupez les oignons nouveaux en fines rondelles et ajoutez le tout avec les herbes hachées dans le bol.

Pressez le jus d'un citron et mélangez bien avec l'huile d'olive, le miel et les épices. Ajouter aux légumes, bien mélanger et laisser infuser.

1 portion, 300 g, a 221 kcal, protéines, 5 g, matières grasses, 15 g, glucides 12 g

Remarques:

La laitue peut être conservée au réfrigérateur pendant plusieurs jours, il vaut donc la peine de faire cette quantité. Les quantités de légumes ne sont que des indications, elles peuvent être variées, d'autres légumes peuvent être ajoutés ou omis selon le goût ou la disponibilité. Plus les légumes sont naturels (biologiques), mieux c'est. Les produits de supermarché sont également possibles, mais ils doivent être particulièrement bien nettoyés et lavés.

CHOU ROUGE AU BEURRE DE COCO

Portions: 3

INGRÉDIENTS

- 300 grammes chou rouge
- 2 cuillères à soupe   Huile de noix de coco
- 3 cuillères à café, entassées   Mus, (noix de coco), non sucré
- ½ cuillère à café   sel

PRÉPARATION

Coupez ou tranchez finement le chou rouge. Faites chauffer la graisse et incorporez immédiatement la noix de coco ou incorporez-la plus tard au chou. Ajouter le chou rouge et cuire doucement à la vapeur avec le couvercle. Salez bien, remuez vigoureusement encore et encore et gardez toujours le couvercle fermé. Faites cuire jusqu'à la fermeté désirée. Si nécessaire, soulevez maintenant la noix de coco sous le chou.

NOIX DE KOHLRABI

Portions: 2

INGRÉDIENTS

- 1 grand   Chou-rave
- 1 coup huile
- 100 ml Bouillon de légumes
- ½ cuillère à café   Persil séché
- ½ cuillère à café   Aneth séché
- 4 cuillères à café   Beurre d'amande ou beurre de noisette
- 1 pincée (s)   sel

PRÉPARATION

Épluchez le chou-rave et coupez-le en cubes. Faire revenir les cubes de chou-rave dans l'huile dans une poêle ou une casserole, déglacer avec le bouillon de légumes et cuire al dente à feu réduit. Peu de temps avant la fin de la cuisson, saupoudrez les herbes, remuez et laissez mijoter quelques minutes. Incorporer le beurre d'amande et assaisonner de sel au besoin.

MOULE VERTE-BLANCHE-ORANGE AU GINGEMBRE

Portions: 2

INGRÉDIENTS

- 1 coup huile
- 1 m. De large Oignon (s), coupé en petits dés
- 3 cm   Gingembre (12-15 g), nettoyé et pesé
- 220 g Carotte (s), pelée (s) et pesée (s)
- 220 g Pomme (s) de terre, pelées et pesées
- 200 grammes Brocoli, nettoyé et pesé
- 1 cuillère à café, entassée   Bouillon, granulé ou "assaisonnement miracle"

PRÉPARATION

Divisez le brocoli en petits fleurons, épluchez la tige et coupez-la en petits morceaux. Coupez les tranches. Coupez le gingembre en petits cubes. Coupez les carottes et les pommes de terre avec le coupe-légumes (réglage "frites").

Dans une casserole avec un couvercle, chauffer l'huile et laisser les oignons devenir translucides.

Ajoutez ensuite le gingembre et quand il commence à sentir, ajoutez les carottes. Laisser lever environ 2 minutes avec le couvercle fermé. Ajoutez ensuite les pommes de terre, baissez la température de moitié et remettez le couvercle. Après environ 5 minutes, vérifiez la fermeté des pommes de terre et ajoutez d'abord les tranches de brocoli puis les fleurons. Remuer, assaisonner et continuer à mettre le couvercle. Laissez l'eau de condensation couler jusqu'aux légumes. Cuire à la vapeur jusqu'à la fermeté désirée.

Il n'y a presque pas de liquide sur ce plat, si vous le souhaitez, vous devez ajouter de l'eau. Saler éventuellement dans l'assiette.

Pour moi, c'est un plat principal, mais il peut aussi servir de plat d'accompagnement.

Vous n'avez pas à être si strict sur les quantités! C'étaient mes restes

POMMES CUITES

Portions: 6

INGRÉDIENTS

- 6 pommes
- 100g   Amande (substantif)
- 100g   Raisins secs
- n. B.   sirop d'érable
- 1 sac / n   Poudre de crème anglaise, (poudre de crème)
- 1 litre lait
- 40 grammes   du sucre

PRÉPARATION

Versez de l'eau bouillante sur les raisins secs dans une tasse jusqu'à ce qu'ils soient couverts, laissez reposer.

Préparez le pudding - veuillez prendre un litre de lait, ce devrait être une sauce à la vanille. Sinon, préparez comme sur l'emballage - alors retirez un peu de lait froid, dissolvez la poudre et le sucre dedans, portez le lait à ébullition et versez le mélange sucre-poudre-lait dans le lait bouillant, remuez bien et assurez-vous de bien le retirer la plaque chauffante.

Lavez les pommes, découpez généreusement le boyau de manière à ce qu'une bonne partie de la garniture rentre. Hachez les amandes vous-même ou utilisez des amandes moulues. Égouttez les raisins secs, égouttez bien et mélangez avec les amandes hachées, versez un peu de sirop d'érable (ou du miel liquide) jusqu'à ce qu'il soit facile à pétrir. Versez le mélange dans les pommes, appuyez dessus correctement, avec une montagne, ce sera vraiment délicieux. Les pommes sont maintenant placées dans un plat allant au four ou dans un autre récipient allant au four.

Versez un peu plus de sirop d'érable sur les pommes (donne un bon arôme quand c'est fait). Versez ensuite environ la moitié de la sauce à la vanille dans le plat de cuisson (en fonction de la taille du plat de cuisson - attention, la sauce commence à bouillonner, ne la remplissez pas trop), mettez-la au four et à 175 degrés pour environ 25 à 35 minutes. cuire. Vous pouvez dire quand les pommes sont prêtes en regardant la peau de la pomme, elle devient alors légèrement vitreuse.

Servez les pommes, versez dessus la sauce du plat de cuisson et si nécessaire - si cela ne suffit pas - le reste de la sauce de la casserole et dégustez.

C'est complètement basique sans sirop d'érable (la masse est facile à mettre en forme même sans sirop d'érable), la sauce vanille dans le plat de cuisson est remplacée par du jus, de préférence du jus de pomme, si nécessaire fait maison. Il n'y a pas de sauce avec les pommes, mais c'est bon aussi.

ROCKET - SALADE DE RADIS AU FETA

S

Portions: 4

INGRÉDIENTS

- 1 bouquet   Roquette
- 1 bouquet   un radis
- 1 petit Oignon (s), rouge
- 125 grammes Fromage feta (soit 1/2 paquet) ou fromage de brebis
- 2 cuillères à café   câpres
- 1 cuillère à soupe   Graines de tournesol
- 1 petit Citron (s), son jus

- Huile d'olive, huile de tournesol ou huile de pépins de raisin
- sel et poivre
- n. B.   Huile, (huile de noix)

PRÉPARATION

La salade est suffisante pour 4 personnes en accompagnement ou en entrée, en tant que repas léger complet, la quantité est suffisante pour 2 personnes.

Triez la roquette, retirez les grosses tiges et coupez la roquette en une longueur comestible. Lavez les radis et coupez-les en fines tranches. Épluchez, coupez en quartiers et émincez l'oignon. Émiettez le fromage et hachez les câpres une fois. Mettez le tout dans un bol et ajoutez les graines de tournesol.

Battre l'huile et le jus d'un citron pressé ensemble et assaisonner de sel et de poivre. Pour souligner le goût de noisette de la roquette, vous pouvez ajouter un peu d'huile de noix.

Mélangez bien la vinaigrette avec la salade et servez immédiatement.

Une vinaigrette à base d'huile et de jus de citron est plus digestible et plus saine qu'avec du vinaigre et, surtout, très fraîche et un grand changement dans les salades d'été.

AUBERGINE ALL SORTS À LA OPMUTTI

Portions: 4

INGRÉDIENTS

- Aubergine (s) (env.400 g) coupée en env. 1 cubes de 2 cm
- sel
- 1 petit Courgettes, coupées en dés
- 3 m. De grandes carottes, coupées en petits morceaux
- 2 m. De grosses pommes de terre, coupées en petits dés
- Oignons émincés
- Poivrons pointus, rouges, coupés en dés

- Tomates)
- 500 ml Bouillon de légumes, vegan, éventuellement fait maison
- 1 cuillère à café de fenugrec, moulu
- 1 cuillère à café de Garam Masala
- 2 cuillères à café de poudre de curry
- L'huile de colza

PRÉPARATION

Retirer les tomates de la tige et les réduire en purée dans le mélangeur. Salez les cubes d'aubergines et laissez reposer quelques instants.

Versez le fond d'une grande casserole avec de l'huile et laissez chauffer, faites-y suer les oignons jusqu'à ce qu'ils soient translucides et saupoudrez d'épices. Ajoutez ensuite les carottes, remuez, faites de même avec les pommes de terre et ajoutez les tomates. Remuez vigoureusement pour que rien ne brûle.

Compléter avec le bouillon de légumes et ajouter les cubes d'aubergine et de courgette. Incorporer enfin les morceaux de poivre. Cuire à feu moyen jusqu'à ce que les morceaux de carotte et de pomme de terre soient tendres.

PANNEAU EN VERRE RAPIDEMENT

Portions: 2

Ingrédients

- 1 m.-large oignon (substantif)
- 1 bâton / n poireau
- Carotte de 2 m. De large
- 1 poignée de fleurons de brocoli
- 50 grammes   Vermicelles
- 2 cuillères à soupe   Sauce Tamari ou sauce soja noire simple
- 2 cuillères à soupe   Ketjap Manis
- 1 cuillère à soupe   Huile de coco ou huile ordinaire

- 1 poignée de noix de cajou, rôties, facultatif

PRÉPARATION

Hachez l'oignon et faites-le revenir dans l'huile jusqu'à ce qu'il soit translucide. Pendant ce temps, coupez les carottes en julienne et le poireau en fines lanières. Faites tremper les nouilles en verre dans de l'eau chaude. Ajouter les carottes aux oignons et faire revenir un peu. Ajoutez ensuite le poireau, le tamari (ou la sauce soja foncée) et le ketjap manis. Ajoutez maintenant le brocoli et faites cuire à couvert pendant quelques minutes (selon la fermeté du légume).

Coupez les nouilles en verre dans l'eau, égouttez-les et ajoutez-les aux légumes. Remuez bien pour que les sauces se combinent bien avec les nouilles en verre puis servez.

La recette est conçue pour deux portions de garniture.

Conseil:

Si vous voulez et n'en avez pas besoin de base, vous pouvez rôtir quelques noix de cajou dans une poêle supplémentaire (sans graisse) et les placer sur l'assiette avec le moule à nouilles en verre.

La poêle a meilleur goût avec de l'huile de noix de coco vierge. Cela a également l'avantage que la poêle a vraiment bon goût le lendemain en salade et que vous n'avez pas ce "goût de graisse froide" piquant. Je viens de verser de l'eau bouillante sur la salade (maintenant).

Cela a l'avantage de relâcher un peu plus l'huile de coco et les sauces et de rendre la salade moins sèche.

Avec un peu plus d'eau, vous pouvez faire une soupe de nouilles en verre "épaisse" pour le déjeuner ou en entrée (vous devez rajouter les sauces si nécessaire).

POIVRONS VERTS POINTS AU LAIT D'AMANDE

Portions: 1

INGRÉDIENTS

- 1 coup huile
- 1 petit Oignon (substantif)
- 2   Gousses d'ail)
- 400 grammes Poivre pointu, vert
- 150 ml Lait d'amande (boisson aux amandes)
- 1 pincée (s) de Garam Masala (ou 5 épices en poudre)
- 1 pincée (s) de sel

PRÉPARATION

Épluchez et coupez l'oignon, ainsi que l'ail.

Dans une petite casserole ou une casserole, faire revenir l'oignon puis l'ail dans l'huile. Faites ensuite frire les poivrons nettoyés, dénoyautés et coupés en gros morceaux. Des arômes torréfiés peuvent se développer. Déglacer avec le lait d'amande et laisser mijoter les légumes à feu doux. Répartir la poudre d'épices et remuer. Mettez le couvercle et faites cuire les légumes jusqu'à la fermeté désirée.

POIVRONS VERTS POINTS AU LAIT D'AMANDE

Portions: 1

INGRÉDIENTS

- 1 coup huile
- 1 petit Oignon (substantif)
- 2   Gousses d'ail)
- 400 grammes Poivre pointu, vert
- 150 ml Lait d'amande (boisson aux amandes)
- 1 pincée (s) de Garam Masala (ou 5 épices en poudre)
- 1 pincée (s) de sel

PRÉPARATION

Épluchez et coupez l'oignon, ainsi que l'ail.

Dans une petite casserole ou une casserole, faire revenir l'oignon puis l'ail dans l'huile. Faites ensuite frire les poivrons nettoyés, dénoyautés et coupés en gros morceaux. Des arômes torréfiés peuvent se développer. Déglacer avec le lait d'amande et laisser mijoter les légumes à feu doux. Répartir la poudre d'épices et remuer. Mettez le couvercle et faites cuire les légumes jusqu'à la fermeté désirée.

CAROTTES DANS UNE SAUCE OIGNON, AIL ET ÉPINARD

Portions: 2

INGRÉDIENTS

- 2 cuillères à soupe. L'huile de coco ou ce que vous aimez
- 2 petits   Oignon (s), coupé en deux, finement tranché
- 4e   Gousse (s) d'ail, tranchées finement
- 400 grammes Carotte (s), pelée (s) et pesée (s)
- 200 grammes Épinards, plus frais
- 2 pincée (s) de Thym (quenelle, thym sauvage)
- 2 pincée (s) de fenugrec
- Peut-être. Sel et poivre ou bouillon granulé

PRÉPARATION

Coupez les carottes comme vous le souhaitez.

Mettez l'huile / la graisse dans une poêle antiadhésive avec un couvercle et laissez les oignons attaquer en premier, puis les tranches d'ail. Ensuite, remplissez de carottes et placez le couvercle sur le dessus. Après quelques minutes, remuez le tout vigoureusement et ne faites pas cuire les carottes trop longtemps.

En attendant, coupez les épinards lavés en petits morceaux (pas trop petits!).

Lorsque les carottes sont encore mordues, ajoutez les épinards et laissez-les s'effondrer avec le couvercle fermé. Saupoudrez les légumes d'épices et laissez mijoter jusqu'à ce qu'ils soient fermes sous la dent que vous voulez. Tout a bon goût, éventuellement avec du sel et du poivre ou du bouillon granulé.

Si vous voulez plus de sauce, ajoutez un peu plus d'eau dans la casserole avec les épinards. Personnellement, je mange des légumes sans accompagnements (riz, pâtes, pommes de terre) et donc je ne fais pas trop attention au fait qu'il y a assez de sauce pour eux.

Vous n'êtes pas obligé de vous en tenir servilement à mes quantités, cette recette fonctionnera certainement avec plus ou moins.

QUARK DE PRINTEMPS À PARTIR DE GRAINES DE TOURNESOL GERMÉES

Portions: 4

INGRÉDIENTS

- 150 grammes Graines de tournesol
- Gousses d'ail)
- Citrons)
- ½ cuillère à café   Graines de fenugrec
- 1 cuillère à café   sel
- 100 ml Lait d'amande (boisson aux amandes)
- 1 petit Oignon (substantif)
- Poudre de paprika
- poivre

- ciboulette

PRÉPARATION

Faites tremper les graines de tournesol pendant une nuit, placez-les dans un tamis et rincez, puis laissez germer dans un tamis au-dessus d'un bol pendant environ deux jours. Rincer à l'eau courante matin et soir.

Mettez les graines de tournesol germées avec la gousse d'ail, le jus de citron, le sel, les graines de fenugrec et le lait d'amande dans le mélangeur et mélangez bien pendant 90 secondes au réglage le plus élevé. Si le mélange est trop ferme, ajoutez un peu de lait d'amande, mais pas trop.

Mettre le fromage blanc dans un bol, hacher finement l'oignon et les herbes et incorporer, assaisonner de paprika et de poivre et, si nécessaire, d'un peu de sel.

Remarque: Dans cette variante de base avec des graines de tournesol germées, le quark devient un peu brunâtre, cela est dû aux germes. Il doit également être consommé aussi frais que possible et ne doit pas être laissé au réfrigérateur plus d'un, au plus deux jours.

Le quark peut bien sûr également être fabriqué à partir de graines de tournesol non germées, puis il peut être conservé un peu plus longtemps au réfrigérateur. Cependant, il n'est alors plus basique et contient moins de nutriments.

Le quark correspond à z. B. excellent avec des boulettes de viande, des falafels, etc., en kebab, comme tartinade, comme trempette pour les légumes et peut même être utilisé comme base pour une vinaigrette. Pour ce faire, vous devez le diluer avec un peu de lait d'amande ou d'huile.

WORT DE CITRON AU CITRON ET AU LAIT D'AMANDE

Portions: 2

INGRÉDIENTS

- 1 coup Huile, etc.
- 2 petits   Oignon (s), coupé en demi-rondelles, env. 150 grammes
- 350 grammes Chou blanc, tranché finement
- 300 grammes Hokkaido citrouille (sé), coupée en dés env. 1 x 1 cm
- 150 ml Lait d'amande (boisson aux amandes)
- 1 petit Citron (s), pressé
- 1 petit Poivron (s), rouge, coupé en petits dés
- sel et poivre

- 1 cuillère à soupe, entassée Sucre de fleur de coco, ou cassonade

PRÉPARATION

Dans une poêle antiadhésive avec couvercle, chauffer l'huile et faire revenir les oignons. Ensuite, posez le chou blanc dessus, assaisonnez de sel et faites frire avec le couvercle fermé. Mélangez vigoureusement après environ cinq minutes. Laissez l'eau condensée s'écouler du couvercle et sur les aliments. Laisser rôtir le chou pendant env. 5 à 10 minutes, des arômes torréfiés peuvent également se développer ici. Placez ensuite les cubes de potiron sur le chou et laissez mijoter à nouveau quelques minutes avec le couvercle fermé. Remuez, versez le lait d'amande, le citron et le sucre de fleur de coco et remuez vigoureusement. Baissez la température et laissez cuire jusqu'à ce qu'elle soit ferme sous la dent. Environ deux minutes avant la fin, placez le paprika coupé en dés sur le dessus et éteignez le feu. Laissez infuser quelques minutes avec le couvercle fermé. Remuer, c'est fait. Ajoutez éventuellement du sel ou du poivre.

LÉGUMES CHICORÉE ET COURGETTES À L'ORANGE ET

Portions: 3

INGRÉDIENTS

- 2 grands   Chicorée ou 3 petites
- 1 petit courgette
- Piment (s) de piment, rouge
- Orange
- 2 cuillères à soupe   L'huile de colza
- Pomme de terre
- Carotte
- ½ oignon (substantif)
- 1 petit Gousse (s) d'ail, éventuellement

- 125 ml l'eau
- 40 grammes   Amande (s), blanchie (s)
- 30 ml L'huile de colza
- 1 cuillère à café   Jus de citron
- ½ cuillère à café   sel
- Graines de fenugrec
- Noix de muscade
- poivre

PRÉPARATION

Préparez d'abord la "sauce au fromage". Épluchez les pommes de terre, les carottes, les oignons et l'ail, coupez-les en petits morceaux et faites cuire dans 125 ml d'eau avec le couvercle fermé. Cela prend environ 15 minutes.

Mettre les amandes, l'huile, le jus de citron, le sel et les épices dans un mixeur Ajouter les légumes cuits à l'eau bouillante et bien mélanger.

Ensuite, divisez la chicorée en feuilles individuelles et coupez-les en morceaux d'environ 1 cm. Coupez les courgettes en quartiers dans le sens de la longueur et coupez-les en fines tranches ou en morceaux. Mélangez les deux ensemble Coupez le piment en fines tranches et

mélanger. Faites chauffer 2 cuillères à soupe d'huile dans une casserole ou une poêle, ajoutez les légumes et faites-les frire sans le couvercle en remuant de temps en temps.

Pendant ce temps, peler, fileter et couper l'orange en morceaux. Ajouter le sel et les épices aux légumes et bien mélanger à nouveau, retirer la casserole du feu. Incorporer la moitié de la sauce au fromage et enfin incorporer les morceaux d'orange.

Le riz va très bien avec ça.

Astuce: le reste de la sauce au fromage peut être conservé au réfrigérateur jusqu'à une semaine et utilisé pour les plats en casserole ou les plats de pâtes, par exemple. Si vous avez déjà de la sauce au fromage prête à l'emploi dans le réfrigérateur, ce plat peut être préparé très rapidement.

KOHLRABI SPAGHETTI AUX ÉPINARDS, TOMATES ET OLIVES

Portions: 2

INGRÉDIENTS

- Oignons de printemps)
- Chou-rave
- 1 poignée d'épinards
- 5 tomates cocktail
- 10 olives noires dénoyautées
- 1 cuillère à soupe   huile d'olive
- 1 pincée (s) sel et poivre

PRÉPARATION

Lavez et épluchez le chou-rave et utilisez le coupe-spirale pour faire des spaghettis.

Faites chauffer de l'huile dans une grande poêle ou dans un wok enrobé et faites-y revenir l'oignon nouveau, coupé en petites rondelles. Ajoutez ensuite les spaghettis de chou-rave et faites cuire en remuant. Après quelques minutes, ajoutez les épinards écrasés et continuez à cuire à la vapeur. Ajoutez éventuellement un peu d'eau. Incorporer enfin les tomates cocktail coupées en quartiers et les olives finement hachées. Assaisonner au goût avec du sel et du poivre.

CURRY BROCOLI ET POMMES DE TERRE

Portions: 3

INGRÉDIENTS

- 500 grammes brocoli
- 500 grammes Pomme de terre
- 2 m. De large Oignon (substantif)
- 2 cuillères à soupe. L'huile de coco, ou ce que vous préférez
- 2 cuillères à soupe poudre de curry
- 500 ml Lait d'amande (boisson aux amandes) ou autre lait végétal
- 2 cuillères à café Bouillon de légumes en poudre

PRÉPARATION

Épluchez et coupez les oignons en dés. Divisez le brocoli en fleurettes, épluchez la tige et coupez-la en petits morceaux. Épluchez et coupez les pommes de terre en dés.

Dans une grande poêle antiadhésive, chauffer l'huile et laisser les oignons devenir translucides. Dispersez la poudre de curry sur le dessus et remuez jusqu'à ce qu'elle commence à «sentir». Ajoutez ensuite le brocoli et les pommes de terre.

Incorporer la poudre de bouillon au lait d'amande et verser sur les légumes. Couvrir et laisser mijoter env. 5 minutes. Baissez la température et laissez cuire jusqu'à la fermeté désirée.

PÂTES VÉGÉTALES ET CRÉMEUSES DE CAROTTE ET DE POIRE

Portions: 4

INGRÉDIENTS

- 1 bâton / n   poireau
- 6 grands   Carotte
- 2 cuillères à soupe.   Beurre de cajou
- 1 cuillère à soupe, entassée Bouillon de légumes en poudre
- l'eau
- 1 pincée (s)   Noix de muscade
- Sel et poivre, blanc ou noir
- 300 grammes Pâtes à l'épeautre à grains entiers

- huile de friture

PRÉPARATION

Faites cuire les pâtes selon les instructions.

Hachez les poireaux et les carottes et faites-les revenir dans un peu d'huile. Déglacer à l'eau et ajouter le beurre de cajou. En mijotant, une sauce crémeuse est créée. Si nécessaire, ajoutez plus d'eau. Assaisonner avec du bouillon de légumes, de la muscade, du sel et du poivre (j'utilise toujours du blanc).

Égouttez les pâtes.

Remarque: Le beurre de cajou lui donne un goût presque comme une sauce à la crème. Un aliment apprécié pour nous car il est rapide et sain. Je fais parfois frire les légumes dans du ghee plutôt que dans de l'huile - mais ils ne sont plus végétaliens.

9 781801 979191